Cualquier forma de reproducción, distribución, comunicación pública o transformación de esta obra solo puede ser realizada con la autorización de sus titulares, salvo excepción prevista por la ley. Diríjase a CEDRO (Centro Español de Derechos Reprográficos) si necesita fotocopiar o escanear algún fragmento de esta obra (www.conlicencia.com; 91 702 19 70 / 93 272 04 47).

Alfabeto: Jesús Gabán
Ilustraciones: Margarita Menéndez

Sobre textos de *La pata mete la pata*, *Chupachús* y *Pienso mesa y digo silla*.

© Herederas de Gloria Fuertes CB
© SUSAETA EDICIONES, S.A.
C/ Campezo, 13 - 28022 Madrid
Telf.: 91 3009100 - Fax: 91 3009118
www.susaeta.com

El gran libro de los animales

susaeta

Dedicatoria

A todos los niños y niñas del mundo

Pasodoble infantil

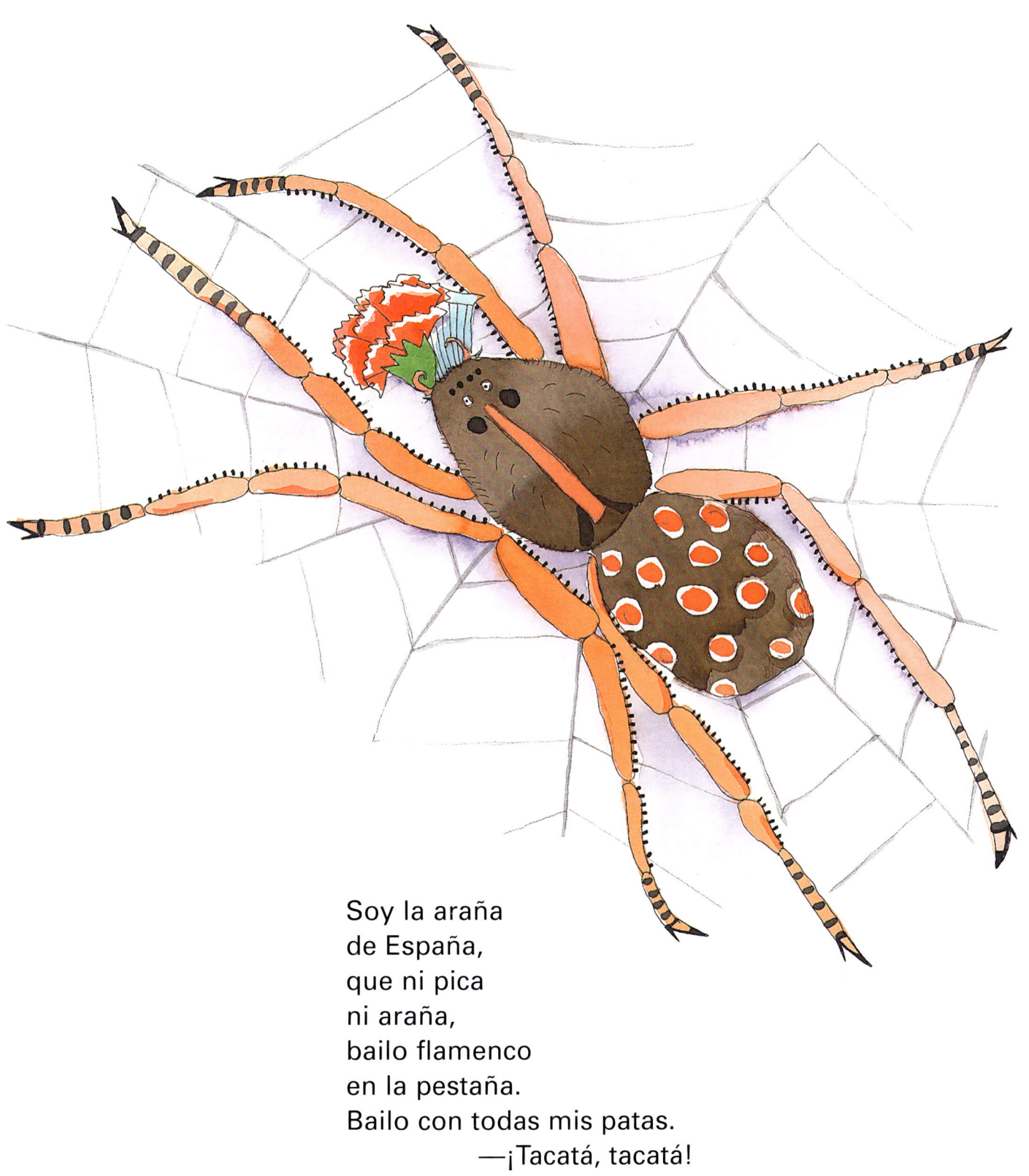

Soy la araña
de España,
que ni pica
ni araña,
bailo flamenco
en la pestaña.
Bailo con todas mis patas.
—¡Tacatá, tacatá!

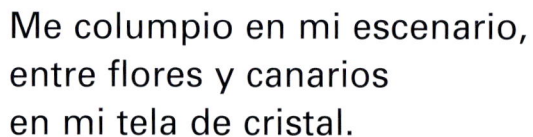

Me columpio en mi escenario,
entre flores y canarios
en mi tela de cristal.
—¡Tacatá, tacatá!

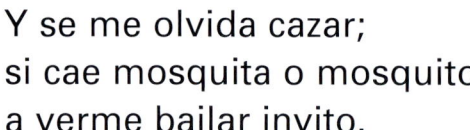

Y se me olvida cazar;
si cae mosquita o mosquito
a verme bailar invito.
—¡Tacatá, tacatá!

Soy la araña
de España,
que ni pica
ni araña.
Soy la araña andaluza
y taco taconeo
si mira la lechuza.
—¡Tacatá, tacatá!

Soy la araña
de España,
bailo flamenco
en la caña.
—¡Tacatá, tacatá!

Se me ha roto la tela
de tanto bailar.

Plantón

La abubilla y la avutarda,
dos aves de carne blanda,
se citan en una orilla.

—¡Cuánto tarda la avutarda!
—dice la abubilla—.

—¿Se habrá perdido
en la estepa zamorana?
¿Se habrá comido una rana?
Aquí no hay vegetación,
ni matorrales,
ni hierba,
se ve bien a cuatro leguas
y no la veo venir,
no la veo por el aire,
no la veo por aquí.

—¡Cuánto tarda la avutarda!
¿La habrá cogido un labriego?

—No espero más. ¡Hasta luego!

La búha y el búho

La búha y el búho,
viven en el granero.
La búha y el búho,
tuvieron un huevo.

Dentro del huevo
crece búho chico.

El pequeño búho,
se aburre en prisión,
con su tierno pico
pica el cascarón,
aún está muy duro
—se cansa y lo deja
para otra ocasión—.

En primavera,
nace el buhíto,
con sus ojos grandes,
con mucho apetito.

¡Hijo de mis plumas!
—dijo el padre búho—.
te traigo alimento.
Y el buhíto chico
se puso contento.

—¡Hijo de mis plumas!,
te traigo la cena,
te traigo una rana
muy verde y muy fresca,
y el pollo del búho
se la tragó entera.

Vivían la noche,
dormían el día,
los búhos felices
con gran armonía.
La búha volaba,
el búho cazó,
y el pollo buhíto
creció con amor.

¡Pobre burro!

El burro nunca dejará de ser burro.
Porque el burro nunca va a la escuela.

El burro nunca llegará a ser caballo.
El burro nunca ganará carreras.

¿Qué culpa tiene el burro
de ser un burro?
En el pueblo del burro
no hay escuela.
El burro se pasa la vida trabajando,
tirando de un carro,
sin pena ni gloria,
y los fines de semana
atado a la noria.
El burro no sabe leer,
pero tiene memoria.
El burro llega el último a la meta,
¡pero le cantan los poetas!

El burro duerme en cabaña de lona.
No llamar burro al burro,
llamarle «ayudante del hombre»
o llamarle persona.

El camello y el tanque

El camello se asustó
con el ruido nunca oído,
el silencio del desierto
se convirtió en estampido.

Una manada de tanques
rugían en el camino.
El tanque como un dragón
lanzaba fuego escondido,
el silencio de la arena
se estremece ante el rugido.

El camello mareado,
el tanque muy mal herido.
El tanque, animal sin alma
desde lejos mata niños.

El camello sin su camellero
y el tanque sin sus soldados,
en la mitad del desierto
se quedaron muy callados.

Siete meses hubo lucha,
siete meses hubo llanto.

Madres y niños alegres,
lanzad el grito esperado.
¡Viva la Paz para siempre,
hoy la guerra ha terminado!

Auto de los Reyes Magos

El camello se pinchó
con un cardo del camino
y el mecánico Melchor
le dio vino.

Baltasar
fue... repostar,
más allá del quinto pino...
e intranquilo el gran Melchor
consultaba su «Longinos».

—¡No llegamos,
no llegamos
y el Santo Parto ha venido!

—Son las doce y tres minutos
y tres reyes se han perdido.

El camello cojeando,
más medio muerto que vivo,
va, despeluchando su felpa
entre lo troncos de olivos.

Acercándose a Gaspar,
Melchor le dijo al oído:
—¡Vaya birria de camello
que en Oriente te han vendido!

A la entrada de Belén
al camello le dio hipo.
¡Ay qué tristeza tan grande
en su belfo y en su tipo!

Se iba cayendo la mirra
a lo largo del camino,
Baltasar lleva los cofres,
Melchor empuja al bicho.

Y a las tantas ya del alba
—ya cantaban pajarillos—,
los tres reyes se quedaron
boquiabiertos e indecisos,
oyeron hablar como a un Hombre
a un Niño recién nacido.

—No quiero oro ni incienso
ni esos tesoros tan fríos,
quiero al camello, le quiero,
le quiero —repitió el Niño.

A pie vuelven los tres reyes
cabizbajos y aflijidos,
mientras el camello echado
le hace cosquillas al Niño.

El canario enjaulado

—Soy un canario
amarillo y nuevo,
cuando me acurruco
parezco la yema de un huevo.

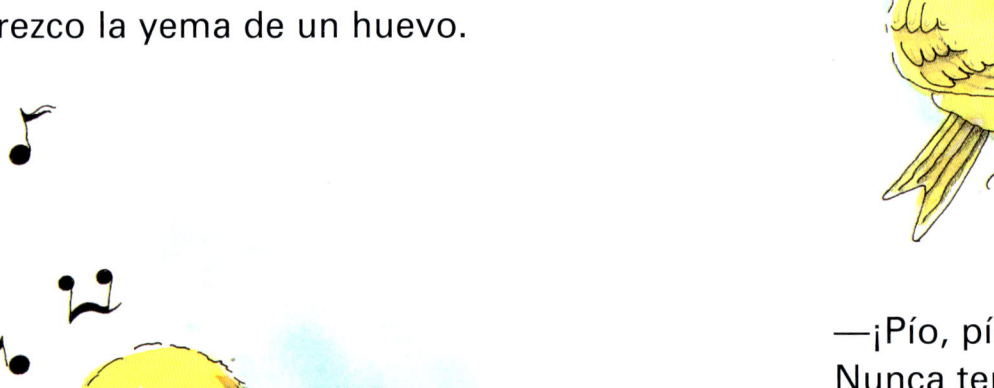

—¡Pío, pío, pío!
Nunca tengo hambre,
nunca tengo frío.
(En mi despiste
se me olvidó el alpiste.)

—Quiero a Pepita y a Juan,
porque me dan miguitas de pan.

Quiero a Pepillo,
porque me trae un bocadillo
de membrillo,
y de lechuga,
con oruga,
me relamo,
soy el amo.

Quiero a Marujita,
porque me trae
agua fresquita,
en mi tacita.

Los niños me dan
¡hasta cortezas de tocino!
Y yo les doy mi trino.
—¡Pío, pío, pío!

Vivo contento
en mi cárcel de alambre,
nunca tengo frío,
nunca tengo hambre.

Los niños... no sé por qué me tienen preso.
No saben que si me abrieran la puerta
me quedaría con ellos.

Acertijo

No hago ruido al caminar,
—ando sin piernas—.
Tengo cuernos y no soy toro
yo no me mojo aunque llueva,
nunca salgo de mi casa,
sólo asomo la cabeza.
Duermo mucho, como hierba.
Me gusta el sol.
¿Quién soy?

El caracol

El caracol herido

El caracol Colcol,
el otro día,
no sacó sus cuernos al sol
porque llovía.

El caracol Colcol,
cuando dormía la siesta,
rodó por una cuesta,
y se rompió la testa.
          (Se estrelló en la carretera)

Le vio un perro galgo.
—Señor Caracol, ¿le pasa algo?
—¡Ay, ay, ay, de esta no salgo!
—¿Se ha roto la cabeza?
—¡No! ¡Me he roto la casa!
Llévame al veterinario
que me ponga una gasa,
una gasa, una gasa.

—Mejor un esparadrapo.
—dijo el doctor don Sapo.
—Doctor don Sapo usted sepa,
que tengo goteras,
la lluvia cala mi casa,
que me he roto la azotea.

El veterinario le operó.
Le curó la concha,
le juntó los pedazos,
le puso unas tiritas
de arriba a abajo.
　　¡Qué trabajo!
Después le escayoló
y el caracol Colcol,
se convirtió,
en una pelota de pin-pón.

Cuando le quitaron la escayola,
el caracol sacó los cuernos y dijo ¡hola!

¿Dónde va...?

¿Dónde va el señor Ciempiés?
—De compras, guapa, de compras...

Y el ciempiés compró zapatos,
y por ser quien era él
se los dejaron baratos.

Y el zapatero dijo al dependiente australiano:
—Echa el cierre canguro Gaspar,
que no ha quedado ni un par.

Pobres ciervos

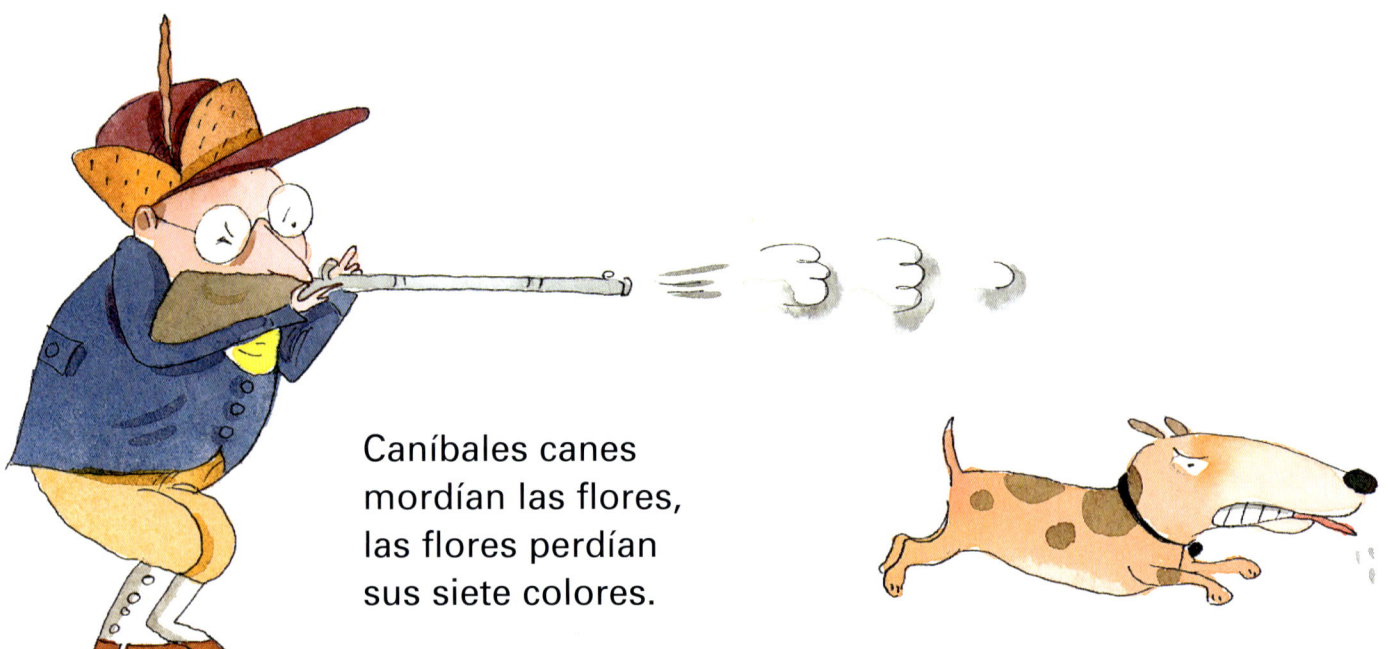

Caníbales canes
mordían las flores,
las flores perdían
sus siete colores.

Del bosque salían
salvajes caninos,
los ciervos recorren
sus siete caminos.

Caníbales canes
quieren devorarlos
y los ciervos corren
más que dinosaurios.

Recorriendo el bosque
llegan a la estepa.

—Peor que los perros
se portan los hombres
con sus escopetas.

Aleluyas del conejo don Consejo

Un cepillo para el diente.
Freno para la pendiente.

El helado y la manzana
es una comida sana.

Pero el mejor alimento,
es que siempre estés contento.

Un «te quiero» mañanero,
te vale más que el dinero.

Y si tú te lees un libro
no eres borrico borrico.

Ya sabes lo que te digo:
Si tú tienes un amigo,
eres rico, rico, rico.

Historia natural

Un cocodrilo y un caimán,
son parecidos pero no son igual.

La cocodrila y la caimana
ponen huevos.

Los cocodrilos y los caimanitos
nacen en cueros.
Y si te fijas,
cuando nacen parecen lagartijas.

Nadan y toman el sol en la orilla,
comen peces y alguna culebrilla.
Nadan deprisa,
andan despacio,
¡Ven bajo el agua!
Flotan con el rabo.

El cocodrilo es guapo,
tiene los ojos verdes
y el morro de punta,
su color es gris amarillo
(asustan al viejo y al chiquillo).

El caimán es más feroche,
tiene el morro redondo,
da miedo de noche.
Come hasta patos,
su piel es oscura,
se esconde en la espesura.

El horrendo caimán
—igual que al cocodrilo, su pariente—,
aunque cierre la boca
se le salen los dientes.

¡Menos mal
que no hay caimanes
ni cocodrilos en tu ciudad!

Y recordad:
Un cocodrilo y un caimán,
son parecidos, pero no son igual.

La delfina Marcelina

La delfina
Marcelina
salta en la piscina,
de esquina a esquina.

Si salta bien,
a la delfina,
Marcelina
le dan una sardina.

Serafín,
el «delfín»,
llega el último
de la cola,
en la carrera
sobre la ola.

Marioca,
la foca,
sobre la roca,
sostiene en su cabeza
una pelota.

Mientras que Don Tintero,
el calamar,
intenta abrazar
a ocho sirenas
del mar.

La dragona Ramona y el dragón Tragón

La dragona
era buena persona.
La dragona
se llama Ramona
y el dragón
se llama Tragón.

El dragón
siempre estaba fumando
y echaba humo por todos los lados
—por las orejas y por el rabo—.

Vivían en el foso de los castillos,
y sólo comían verduras y grillos.

No se pasaba frío junto al dragón,
era una ambulante calefacción.

A media noche la dragona y el dragón,
como eran artistas, hacían la función. Y...

Adivinanza

Tiene la nariz muy larga,
y no es Pinocho.
Una tonelada pesa,
y no es una ballena.
Tiene muy buena memoria,
y no es maestro.
Nació en la selva
y hoy vive preso.
Adivina, adivinante,
¿Quién es?

El elefante

El erizo y la eriza

Iba un erizo
andando por el Polo.
Iba muy triste
(no porque fuera erizo),
iba triste porque estaba solo.

—Aquí me moriré de frío,
sin una amiga, sin un amigo,
sin una comida, sin un abrigo,
aquí me moriré de frío.
Se me están helando las púas,
se me están helando los pinchos.
Nieva y nieva,
y sin una bufanda
y sin una madriguera.
¿Cuándo vendrá la primavera?
Me lanzo a lo desconocido,
sea lo que Dios quiera.

(El erizo
una bola se hizo,
y rodó por la ladera)

Pasaron muchos días
y el erizo se despertó,
se desenroscó,
abrió un ojo,
sacudió el hocico,
comió unas florecitas
y ya no tenía frío.

Era una soleada mañana,
la nieve se quedó arriba
en los picos de la montaña.

En esto vio a otro erizo
igual que él.

—¡Cielos! ¡Un hermano! ¡Qué alegría!
—¡No soy un erizo, soy una eriza!

La eriza y el erizo
por fin se casaron.
Y se dieron un abrazo
con mucho cuidado.

¿Cómo te llamas?

—Y tú ¿cómo te llamas?
—Me llamo escarabajo.
—¡Claro, porque vives abajo,
debajo de la tierra...

La foca en la tele

El fotógrafo: Foca, ponte al lado del foco.

La foca: ¿De qué foco? ¡Aquí no hay ningún foco!
A mi foco Manolo,
le he dejado en el Polo.

El fotógrafo: Foca, acércate al foco.
La foca: No, que me asfixio y me sofoco.

(En las aguas heladas,
vivía la foca
antes de ser cazada.)

En los estudios de Televisión
hacía un calor insoportable,
la foca sudaba aceite y vinagre.

El fotógrafo: Sonríe foca, pon cara de foca.
La foca: (¡Este tío me sofoca!)

El fotógrafo: ¡Venga foca!
Mueve las aletas,
abre la boca,
estás en la «tele»,
todos los niños te están mirando.

La foca: Lo siento, no puedo sonreír.
¡Me estoy asando!

La gallinita

La gallinita,
en el gallinero,
dice a su amiga:
—Cuánto te quiero.

Gallinita rubia
llorará luego,
ahora canta:
—«Aquí te espero...

«Aquí te espero,
poniendo un huevo»,
me dio la tos
y puse dos.

Pensé en mi ama.
¡Qué pobre es!
Me dio penita...
¡y puse tres!

Como tardaste,
esperé un rato
poniendo huevos,
¡y puse cuatro!

Mi ama me vende
a doña Luz.
¡Yo con arroz!
¡Qué ingratitud!

Una de gatos

El gato Pirracas
estaba helado,
el gato Pirracas
vivía en el tejado.

La gata Timotea
con las patas se asea,
la gata Timotea
vivía en la azotea.

«Bájate conmigo, gato;
salta, gato,
no seas pato,
tengo comida de lata»,
le dijo la gata.

La gata y el gato
tuvieron amistad,
y tuvieron gatitos.
¡No faltaba más!

Siete gatitos
tuvo Timotea,
al calor de las siete
chimeneas.

Y Pirracas fue el gato más feliz
de los castizos
tejados de Madrid.

La gata de Renata da la lata

La gata de Renata,
entre cojines de terciopelo
y plata,
colonias y lacitos,
parecía un lechoncito.

La gata remilgada,
dormía en la cama
del ama.

La gata
de Renata
da la lata,
si no le dan
su tacita de nata.

Y de tanto dar nata
a la gata,
—parece un globo peludo—.

De tanto dar albóndigas a la gata
la gata era un albóndiga con patas.
Mientras... la gata sin ama del tejado,
comía papel mojado.

Y ahora, pensad:
«Ni tanto ni tan calvo».
¿Verdad?

Nana de la tía tonta

—Duérmete, sobrina, duérmete,
si no te duermes
viene el gato montés.

El gato montés
es un tigre pequeño,
que vigila a los niños
que no tienen sueño.

El gato montés
baja del monte
una vez al mes.

El gato montés
lanza sus rugidos,
y asusta a los niños
que no están dormidos.

La sobrina era lista
no se asustó y dijo:
—Que no me asusto, tía,
cierra el pico.

Vino el gato montés
y le acarició el hocico
(la niña le acarició el hocico).

Y el gato montés
se quedó dormido en la cama
a los pies.

La tía tonta quedó enterada,
NO HAY QUE ASUSTAR A LOS NIÑOS
para nada.

El gusano sano

Era un gusano
muy sano
—nunca tosía—.
Era un gusano
muy sano
—sólo tejía—.
Sano y enano
el gusanito era
—sólo comía
hojas de morera—.
El gusanito
no quería ser lo que era,
lloraba y lloraba
lágrimas de seda.

Se escondió en su capullo
para que nadie lo viera
—llorar—.
El gusanito
no quería ser gusano,
quería ser otra cosa.

Su deseo fue realizado,
se convirtió en mariposa.

—¡Seré mariposa blanca,
porque al revolotear
quiero ser y parecer
palomita de la paz!

(Cuando se desea mucho una cosa,
se consigue la cosa, hermosa.)

La madre del hilo

Entre dos hojas de morera
cantaba el gusano de seda:
—Mi vida pende de un hilo
de seda (pero hilo).

Y con ese hilo que yo hago
(dice el gusano)
se vestirán toreros,
princesas,
Papas, doncellas,
mantones de manila,
blusas bellas.

Con este hilo,
al hilo de mi vida
me visto con mi hilo
me envuelvo en mi hilo
me encierro
en el capullo de seda de mi hilo.

Me canso
(Estoy perdiendo el hilo).

El gavioto

El gavioto se casó con la gaviota
y en vez de tener un huevo
tuvieron una pelota
(de pin-pon).

La iguana

La Iguana es un dragón enano.
A la Iguana
la puedes acariciar con la mano.
Al dragón, no.

La Iguana raspa
pero es cariñosa.
Si la pegas un palo
se vuelve rabiosa.

La Iguana es un dragón enano,
la Iguana es un dragón americano,
que el español entiende
y que al sol se tiende.

Las jirafas no saben nadar

Las jirafas no saben nadar
pero Cuellolargo,
la jirafa más alta de la selva
se salvó de la inundación
sin ningun medio de
locomoción
andando tranquilamente.

Llovía torrencialmente.
No llovía, diluviaba
lo que nadie se imagina.
Un viento huracanado
le azotaba en el costado.
Gacelas huyen a saltos.
Tigres y felinos
a los árboles altos.

Del susto y de la humedad
la jirafa cogió anginas
(casi dos metros de anginas).

La selva era un lago bello,
la jirafa se salvó
al llegarla el agua al cuello.

El lobito malo y el lobito bueno

«Érase una vez
un lobito bueno
al que maltrataban
todos los corderos»
J.A. GOYTISOLO

Y érase también
un lobito malo,
al que obedecían
todos los vasallos.

El lobito malo
les metió en la guerra,
y no quedó pueblo
ni árbol en la tierra.

No se conocían
y se iban matando,
todo por la culpa
del lobito malo.

Y vino otra vez
un lobito bueno,
al que respetaban
los pocos corderos
—que quedaban—.

Quemaron las armas
y no hubo más guerra.
Lobos y corderos
jugando en la tierra.

Dos mariposas de alas rosas

Las mariposas preciosas,
sólo viven unas horas.

Dos mariposas
de alas rosas
estaban regañando.

—Eres una polilla arrugada.
—Y tú eres un gusano con alas.
—Ojalá te cace un niño
y te clave un alfiler,
mariposa horrorosa.
—Y a ti que te caiga
la lluvia de costado
y te quedes
como un papel mojado.

—¿Por qué discutís, muchachas —dijo la rama llena de sabiduría—, si vais a vivir tan sólo un día?

Las monas caprichosas

El mono en el cocotero,
dice a la mona: te quiero.
(La mona no le hace caso.)

El mono se vuelve loco,
y come un coco
poquito a poco.

El mono dice: Te invito.
La mona lanza un saltito,
la mona trepa a su lado.
—No quiero coco, quiero un helado.

Histéricas las monas
a grito pelado:
¡Queremos helado! ¡Queremos helado!
—gritan las monas del árbol de al lado.

—¡¡En la selva sólo hay cocos!!

(Los monos se vuelven locos.)

Nana de mamá mona

—Duerme mi mono bonito,
eres más guapo que tu abuelito.

¡Ay qué bonito es mi monito!
¡Ay que monito más bonito tengo!
Monito bonito duerme,
que si no el lobo te muerde.
Tu mamá mona está contigo,
para protegerte del enemigo.

El enemigo lobo,
la enemiga serpiente,
se quedarán perdidos en el puente.

Mamá mona te acuna en la cuna,
de la rama más alta por el puma.

Mamá mona te acuna,
y te canta la nana
con la luna.

—Duerme mi mono bonito,
eres más guapo que tu abuelito.

El murciélago aviador

(Un murciélago es un ratoncito
que puede volar porque tiene alas.)

La ratoncita
dice a su amiga Tenta:
—Oye Tenta,
estoy contenta.
—¡Claro, estás conmigo,
que me llamo Tenta!

La ratoncita
dice a su amiga Tenta:
—Tengo novio.
—¿Y cómo es?

(Un murciélago revolotea por la azotea).

—Mira, es ése que vuela, le voy a hacer una foto.
—¡Es muy feo!
—Sí, pero es piloto.

El orangután, tan tan

El orangután, tan, tan,
es un elemento,
se golpea en el pechazo, tan tan,
cuando está contento.

—Soy un orangután, tan tan,
nací en estos bosques
frondosos,
no tengo enemigos,
aquí no hay osos.

Voy de árbol en árbol,
y si me escurro me caigo.
Soy feliz en mi ambiente,
sin coches, sin «tele», sin gente.

El orangután, tan tan,
tiene su orangutana,
es nerviosa y horrorosa
y está como una tartana.

Su orangutana es peluda
y más fea que un cangrejo,
para él, es bellísima
y más guapa que un conejo.

Y la pareja es feliz,
aunque sólo comen
palomitas de maíz.

El orangután, tan tan,
con su orangutana,
tuvieron dos orangutanitos
porque les dio la gana.

Ovejas

Ovejas
obesas
comían
la hierba,
pelaban
el campo,
comían
sin tregua.
Pacían (comían)
pacían con paz.

Ovejas
obesas,
con cara de tontas,
a nadie hacen mal.

Abrigo de lana
(de «chachi trujana»)
—¡Madre, qué calor!
Y buscan un árbol
y al esquilador.
(Viene el peluquero,
las esquila al rape.)

Ovejas
obesas.

¡Qué feas peladas!
Parecen globitos
con patas delgadas,
sólo dicen: ¡beee!
—parecen felices,
yo no sé por qué—.

Ovejas
obesas
balan de contento;
a mí me dan pena
y se acaba el cuento.

La pata mete la pata

La pata desplumada,
cua, cua, cua,
como es patosa,
cua, cua, cua,
ha metido la pata,
cua, cua, cua,
en una poza.

—¡Grua!, ¡grua!, ¡grua!
En la poza había un cerdito
vivito y guarreando,
con el barro de la poza,
el cerdito jugando.

El cerdito le dijo:
—Saca la pata,
pata hermosa.
Y la pata patera
le dio una rosa.

Por la granja pasean
comiendo higos.
¡El cerdito y la pata
se han hecho amigos!

El caniche Canichito

Os aviso: no es un cuento,
es verdad esto que os cuento.

En la casa vivían felices,
los padres, los niños
y Canichito el caniche.

Por culpa de los braseros
la casa se prendió fuego
y vinieron los bomberos.

Las desgracias, horrorosas,
(Dios nos libre de estas cosas).

Ardió el serrín
del cojín.
Y las sillas,
como astillas,
los cuadros,
el comedor
¡Y los libros!
(del desastre, lo peor).
Las alcobas,
el garaje,
los armarios
—y no quedó ningún traje—.
—Mi caniche, ¡Canichito!
—gritó el niño pequeñito—.
¡Está dentro!

(Todos lloraron al perro.)

Los rescoldos se apagaron
ya se fueron los bomberos,
cuando entraron en las ruinas
oyeron un lloriqueo,
un ladrido lastimero,
¡La nevera!
La nevera no se quemó
y allí dentro,
vivito y ladrando estaba
el perrito medio yerto.
Por su gran inteligencia
el perrito Canichito
se salvó de morir frito.

El pequeño travieso

Era un niño tan pequeño, tan pequeño,
que aún no sabía hablar.

Y tenía una hermana, Berta,
tan grande, tan grande,
que no cabía por la puerta.

Y tenía un perrito tan peludo y gordete
que le trataba como a un juguete.

El nacimiento del pollo

—¡Qué maravilla! ¡Me maravilleo!
Casi no creo lo que veo,
cómo ha roto con el pico
la cáscara del huevo.

Si ha salido el pollito
con esfuerzo, él solito,
lo que no sé es cómo ha entrado
—dijo Quique sofocado.

Se ha librado
de morir frito.
La yema del huevo
se ha convertido en pollito.

Es misteriosa la escena.
Es magia, ciencia y belleza.
¡Qué cosas tiene la Naturaleza!

Quique repite asombrado,
el pollo salió del huevo
lo que no sé es cómo ha entrado.

¡Cú–cú!

Cu-cú, cantaba la rana;
cu-cú, debajo del agua.

Cu-cú, pasaba un tendero.
Cu-cú, vendiendo carero.

Cu-cú, asomó la cabeza.
Cu-cú, quería cerveza.

Cu-cú, yo quiero lentejas.
Cu-cú, comida de viejas.

Cu-cú, yo quiero galletas.
Cu-cú, valen dos pesetas.

Cu-cú, ¡qué vida tan cara!
Cu-cú, me meto en el agua.

El hombre rana y la mujer rana

La mujer rana
y el hombre rana
se casaron
y en vez de tener perdices
tuvieron tres renacuajos.

El ratón domador de gatos

El ratón Pechoplomo
estaba harto, muy harto,
de los ataques de gato.

Hacía muchos años,
que el pobre ratón
sufría daños.

Hasta que un día,
en un derroche de valentía,
le dijo el ratón
bigote a bigote,
al gato grandote:

—Señor gato Garrapato,
vamos a llevarnos bien
porque estoy harto, muy harto,
de que con tus uñas largas
me dejes tu turulato.

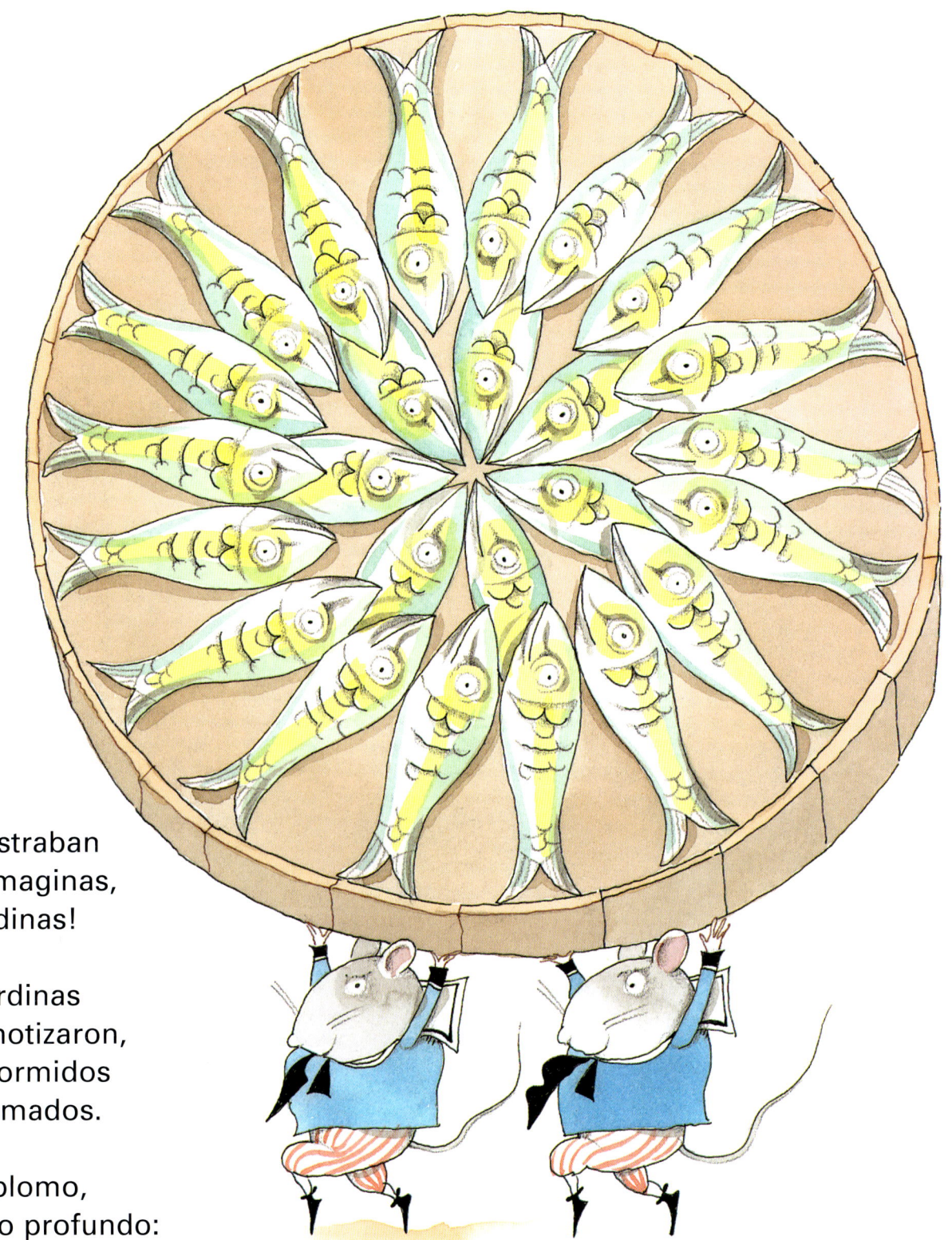

Los ratones arrastraban
lo que tú no te imaginas,
¡una caja de sardinas!

Al olor de las sardinas
los gatos se hipnotizaron,
y se quedaron dormidos
enroscados y domados.

El tragón Pechoplomo,
lanzó un discurso profundo:
—Os queremos, felinos,
demos ejemplo al mundo...
(Los ratones pacifistas
convencieron a los gatos.)

Y en los sótanos y en los balcones,
en los tejados y en los salones,
los gatos jugaban con los ratones.

Y no hubo más guerras
ni más asesinatos,
de inocentes ratones
por los voraces gatos.

La serpiente inofensiva

La serpiente inofensiva,
iba,
tan tranquila por la vía
pasó un tren,
—y pasó ella también—.

La serpiente se siente,
la serpiente
se presiente
la serpiente
se siente
—se siente
cansada—,
la serpiente
se sienta,
se sienta,
entre matas de menta,
La serpiente
se sienta,
cansada y hambrienta.

La serpiente no come,
la serpiente no silba,
la serpiente no muerde.
La serpiente
quiere querer a la gente.
¡Y todos la huyen!
La serpiente
lo siente,
y se pone a llorar.

(Sólo una sensible chicharra,
le canta una canción con su guitarra.)

—Serpiente de piel hermosa,
la gente cree que eres venenosa,
yo sé que no es así,
por eso canto junto a ti.
Y la serpiente se pone de pie,
baila, se mueve, se contonea,
baila, se mueve, se bambolea.

La serpiente no da miedo,
ahora da risa,
la serpiente pierde
la camisa.
La serpiente pequeña,
bailando parece brasileña.
La serpiente enana,
bailando con gracia de gitana.
La serpiente flamenca...

—¡Lagarto! ¡Lagarto!
El gitano la ve
¡Y pega un «sarto»!

¡Mata al tigre!

En el fondo del mar.
—¡Mata al tigre,
mata al tigre!

En el fondo del mar
hay un buzo entre la sal,
y hay más:

Hay perlas y corales,
y también hay calamares;
en el fondo del mar
hay un buzo entre la sal.

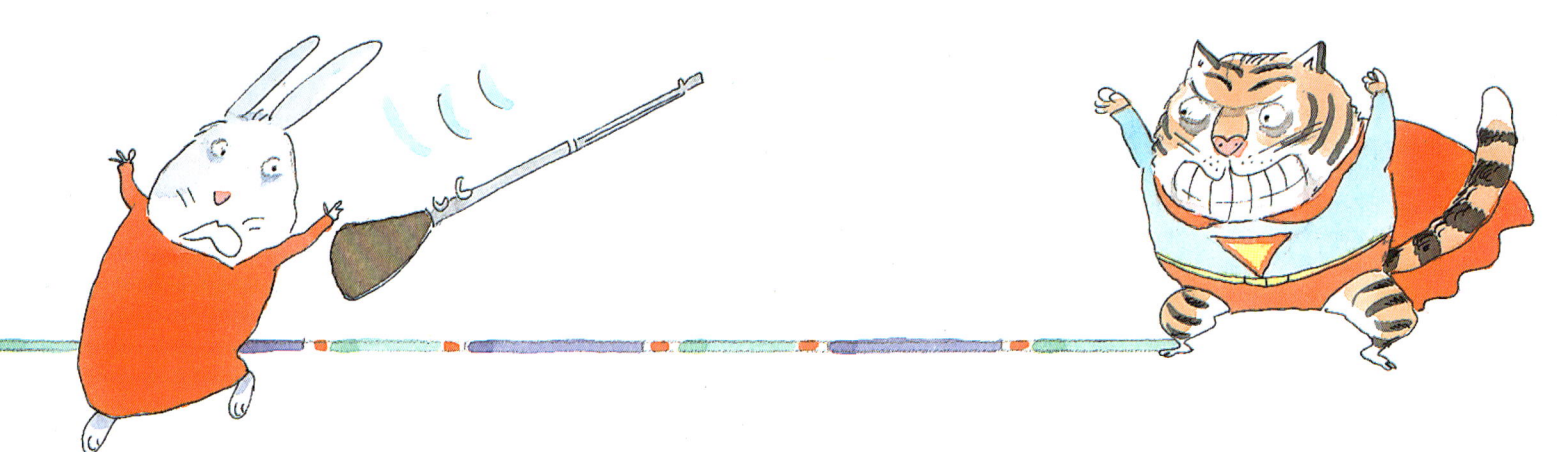

¿Qué me vas a regalar?
—¡Mata al tigre,
mata al tigre!
¿Qué me vas a regalar?
—Un burrito de verdad.

Allá por la carretera,
Mambrú viene de la guerra;
con él, cargado de coles,
Facundo el de los faroles.

En el fondo del mar
hay un barquito enterrado;
en el fondo del mar...
¡quién lo pudiera salvar!

La tuátara

La tuátara
es un bicho muy raro,
no se muere de tos ni de años.

Vive mucho, es un fósil viviente,
tiene tres ojos debajo de la frente..
Tiene tres dedos en sus cuatro manos,
total, doce dedos rugosos y extraños.

La tuátara
es un bicho muy raro,
el diplodocus fue su tío cercano.

La tuátara
es un raro reptil
horrorosa de frente y perfil.

La tuátara
viste escamas frondosas,
no se deja cazar
y come mariposas.

(Esto que cuento no es un cuento,
no miento,
así es la tuatara.)

Puedes ir a verla,
vive en Nueva Zelanda.
¡Anda!

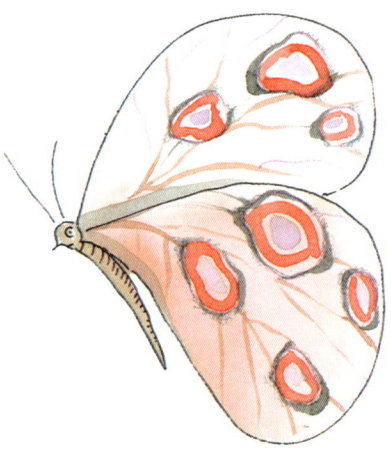

La vaca llorona

La vaca está triste,
muge lastimera,
ni duerme, ni bebe
ni pasta en la hierba.

La vaca está triste,
porque a su chotito
se lo han llevado
los carniceros
al mercado.

Está tan delgada,
la vaca de Elena,
que en vez de dar leche,
da pena.

Otra de vacas

—¿Cuáles son las vacas
mejores de la tierra?

Las vacas mejores de la tierra
son las asturianas, santanderinas
y gallegas.

—Mira, déjate de lecciones,
las mejores vacas son las
vaca-ciones.

Zooloco
(epílogo)

Es muy feo el alacrán,
pero por algo nacerá.

Pincha el erizo
pero Dios le hizo.

La temible serpiente,
quiere que le quiera la gente.

El tiburón da horror,
aun visto desde el vapor.

El pez espada
da «corte».

El león
con su colmillo y melena,
te come aunque seas buena.

El tierno elefante
si le pones nervioso,
te da un trompazo
que te deja horroroso...

El rinoceronte,
en el horizonte
allá en la llanura,
con un solo cuerno
es peor que un miura.

Pero hay que querer
a los animales,
de mar y de tierra,
de agua y de aire,
del norte y del sur,
aunque sean salvajes,
de selva o de bosque
de distintos pelajes...

Animalitos de distintas zonas,
si no les haces daño
son mejores que personas.

Índice alfabético de animales

A

Abubilla 14
Alacrán 162
Araña 11, 12, 13
Avutarda 14

B

Búho 19, 20, 21, 22
Burro 23, 24

C

Caimán 46, 47, 48, 49
Calamar 54, 150
Camello 26, 27, 28, 29, 30, 341
Canario 32, 33, 34, 35
Canguro 41
Caracol 36, 37, 38, 39, 40
Cerdo 115, 116, 117
Chicharra 146
Ciempiés 41
Ciervo 42, 43
Cocodrilo 44, 45, 46, 47
Conejo 48, 49

D

Delfín 53, 54
Dragón 26, 55, 56, 87

E

Elefante 59, 164
Erizo 60, 61, 62, 63, 162
Escarabajo 64

F

Foca 53, 54, 67, 68, 69

G

Gacela 90, 91
Galgo 38
Gallina 72, 73
Gato 74, 75, 76, 77, 139, 140, 141, 142
Gato montés 78, 79
Gaviota 84
Gusano 80, 81, 82, 83

I

Iguana 87

J

Jirafa 90, 91

L

Lagartija 47
Lagarto 147
Lechuza 12, 13

León 124, 163
Lobo 94, 95, 102

M

Mariposa 81, 98, 99
Mono 100, 101, 102, 103, 104
Mosquito 12, 13
Murciélago 105, 106

O

Orangután 108, 109
Oveja 110, 111

P

Pájaro 30, 31
Pata 115, 116, 117
Perro 42, 43, 118, 119, 120, 121, 122, 123,
............124, 125, 126
Pez espada 163

Pollo 127, 128
Puma 103

R

Rana 131, 132, 133, 134, 135, 136, 137, 138
Ratón 105, 139, 140, 141, 142
Rinoceronte 164

S

Sapo 39
Sardina 53, 54
Serpiente 103, 144, 145, 146, 147, 162

T

Tiburón 163
Tigre 90, 91, 150, 151
Tuátara 152, 153

V

Vaca 156, 157, 158, 159

Índice de poesías

Plantón. 11	La foca en la tele. 67
Pasodoble infantil. 13	La gallinita. 72
La búha y el búho. 19	Una de gatos. 74
Pobre burro. 23	La gata de Renata da la lata 76
El camello y el tanque 26	Nana de la tía tonta 78
Auto de los Reyes Magos 28	El gusano sano 80
El canario enjaulado. 32	La madre del hilo 82
Acertijo 36	El gavioto. 84
El caracol herido. 37	La iguana. 87
¿Dónde va...?. 41	Las jirafas no saben nadar. 90
Pobres ciervos. 42	El lobito malo y el lobito bueno 94
Historia natural 44	Dos mariposas de alas rosas. 98
Aleluyas del Conejo D. Consejo 48	Las monas caprichosas 100
La delfina Marcelina. 53	Nana de mamá mona. 102
La dragona Ramona y el dragón Tragón 55	El murciélago aviador 105
Adivinanza. 59	El orangután tan tan. 109
El erizo y la eriza. 60	Ovejas 110
¿Cómo te llamas?. 64	La para mete la pata. 115
	El caniche Canichito. 118

El pequeño travieso 122	La serpiente inofensiva 144
El perro culto................... 125	¡Mata al tigre!................... 150
El nacimiento del pollo 127	La tuátara...................... 152
¡Cú-cú!........................ 131	La vaca llorona 156
El hombre rana y la mujer rana 138	Otra de vacas 159
El ratón domador de gatos 139	Zooloco (epílogo) 162